はじめに

オバケーヌは、こせいゆたかな
すがたをした、どろどろ〜んと
すがたを あらわす
オバケの なかまたち。
今日も こっそり、
あなたを おどろかせようと
ひそんでいるかも……!?

この本には、頭を 使う
楽しい ナゾトキが
たくさん のっているよ。

全111問の ナゾを
ときおわったら、頭が
やわらかく なっているかも!

オバケーヌたちと
いっしょに ナゾトキに
ちょうせんしていこう。

むずかしい 問題(もんだい)は 友(とも)だちや
家族(かぞく)と 相談(そうだん)してみてね。

ナゾトキは 9ページから！

オバケーヌの なかまたち

オバケーヌ
オバケ族

いろんな色に 発光できる
ノーマルタイプの オバケ。
おどろかせるのが 大好きな
くせに 少しビビリ。

ヒョロリーヌ
オバケ族

ヒョロながい タイプの
オバケ。そんざい感が
なくて、おどろかす気が
ないのに 音もなく
あらわれて
みんな びっくりする。

オチビーヌ
オバケ族

赤ちゃん みたいに おチビな
オバケ。あまえんぼうで
かまってちゃん。オバケーヌの
頭の 上が お気に入り。

ゾンビーヌ　**オバケ族**

ツギハギが たくさんあるオバケで、
ふだんは内気。引きこもりがち
だけど、ハロウィンが 近づくと
ここぞとばかりに しゃしゃりだす。

ウサギーヌ
アニマル族

ウサ耳が チャームポイントの
キュートな 見た目ながら、
しっかり者の オバケ。ぴょんぴょん
とびはねるのが とくい。

ニャンコーヌ　ネコ族

キュートな ネコ耳と
しっぽが チャームポイントの
あざとかわいい 元気な
オバケ。鳴き声は
「ぬっ」や「にゃっ」。

ペンコーヌ　ミズ族

クチバシが ついた
ペンギンの オバケ。
マジメと ユーモアの
バランスが いい子。
おいかけっこが
好きだが、よくころぶ。

プリーヌ　タベモノ族

あまいかおりがする
プリンプリンの おはだが
ミリョクてきな プリンの
オバケ。アイスーヌと
ゼリーヌは、あまとう友だち。

ユニコーヌ　ファンタジー族

きれいな たてがみと ツノがある。
トレンドに くわしい ファッション
リーダーで、みんなの コーデの
相談にも のってくれる。

テンシーヌ　ファンタジー族

天使のように やさしくて、羽で 空を
とぶことが できる。
なんだかんだ
かまってくる
アクマーヌと、
実は なかよし。

アクマーヌ　ファンタジー族

いじわるすることが しゅみで、すぐ
いじわるしてくる 悪いやつ。なのに
えがおが にくめないから ずるい。

ほかにも たくさん
オバケーヌの なかまたちが
いるよ★

もくじ

はじめに …………………………………… 2

第1章 オバケーヌ級 …………………………… 9

第2章 ニャンコーヌ級 ………………………… 33

第3章 ペンコーヌ級 …………………………… 59

第4章 テンシーヌ&アクマーヌ級 … 83

オバケーヌの なかまたち …… 4、8、58、82、108

答えの ページ ………………………………… 110

あそびかた

1 ナゾトキの 問題だよ
2 ナゾトキの ヒントだよ
3 この問題の 答えのページだよ

ほかにも まだいる オバケーヌの なかまたち

オバケ族

オデビーヌ
幸せそうな、ふくふくとした体けいのオバケ。ダイエットはしないしゅぎ。

テチーヌ
テチテチ かわいく歩きまわるが、意外と つかれやすい 一面もあるオバケ。

ペラリーヌ
紙のようにうすっぺらく軽い体のオバケ。体がペラペラなので、スペースに エコ。

トロリーヌ
アイドルに ハマってぬまおちしてしまった、体がトロトロに とけたオバケ。

アニマル族

ベアーヌ
こんがり 白にやけた はだを持つ 白クマのオバケ。日やけしやすいのがなやみ。

メリーヌ
フワフワな羊毛が はえたヒツジのオバケ。クルンとした ツノを持つ。

ゴリリーヌ
きんにくしつなゴリラのオバケ。なんでもまかせられる、たよれるアニキ。

パンディーヌ
リーダーシップがあり、はっきり意見が言えるパンダのオバケ。

トラーヌ
とにかく顔がいい トラのオバケ。かくれファンが たくさんいるらしい。

ピヨコーヌ
羽の はえたヒヨコの オバケ。歌が 上手なので、カラオケに 行きたがる。

ウシーヌ
とてもマイペースなウシのオバケ。自分の世界があるみたい。

キツネーヌ
小さい うそをいっぱい つく。うそ80％、真実20％なキツネのオバケ。

コアラーヌ
耳と 鼻が大きい コアラのオバケ。どうしても、ダッコしてほしい。

リスーヌ
運動しんけいばつぐんな、リスのオバケ。クルンと したしっぽがキュート。

第1章
オバケーヌ級

人を おどろかせるのが 大好きな
オバケーヌが 持ってきた ナゾトキは
ユニークな 問題 ばかり！

とい1

A～Cに それぞれ 入る 数字は なにかな？

答えは110ページへ

れい： 1 5 ＝

A たら B

だん C

 ヒント 数字の 読み方を 考えてみよう

とい2

？に 入る 動物は なにかな？

答えは110ページへ

?? → 陸

あ ?? → 海

かも ?? → 陸

ヒント 奈良公園で よく見る 動物だよ

?に 入る 図形は どれかな?

答えは110ページへ

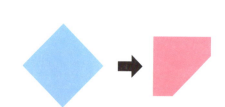

図形の 辺に 注目してみよう

とい4 ？は いくつ？

答えは110ページへ

🦄 × 🦄 ＝36

🦄 × 👻 × 👻 ＝54

🦄 × 👻 × 🐧 ＝72

🦄 ＋ 👻 ＋ 🐧 ＝ ？

ヒント 同じ数を かけて 36になる 数字って？

とい5 あるの きょうつうてんは?

答えは110ページへ

ある	なし
空(そら)	陸(りく)
魚(さかな)	鳥(とり)
のり	ボンド
りんご	メロン

 ヒント あるに 1文字(もじ) くわえてみよう

とい 6

これは なに県を あらわしている？

答えは111ページへ

ヒント 岩の 間に なにが いるかな？

とい 7

この やさいは なあに？

答えは111ページへ

ぶ ぶ ぶ
ぶ ぶ ぶ　り―

ヒント 「ぶ」の 数を 数えてみよう

とい8 この 楽器は なあに?

答えは111ページへ

 ゴールが どうなっているのかな?

とい 9

この アイテムは なあに？

答えは111ページへ

¥プロ¥

 ヒント ¥（円マーク）の 間に 「プロ」が 入っているね

とい 10

これは なんと 読む？

答えは111ページへ

あいうえお

 ヒント 「お」だけ いちが 他と ちがうね

17

とい 11 これは なんの お店？

答えは111ページへ

 ヒント　絵が ゴミ箱に すてられているね

とい 12

?に 入る 虫の 名前は？

答えは112ページへ

 ヒント　じょうほうを ぬすみ出す プロを スパイと 言うよ

19

とい13

?には どんな文字が入るかな?

ス ハ ク ?

答えは112ページへ

ヒント 黒と 赤の 2色の 物って なんだろう?

とい14

この 乗り物は なあに?

答えは112ページへ

9

ヒント キツネ(ーヌ)が さかさまに なっているね

とい 15 絵が あらわす あいさつは なあに?

答えは112ページへ

 ヒント　ありが　10ぴきいるね

とい16 左右で まちがいを 5つ さがそう！

答えは112ページへ

 ヒント 物が 消えたり ふえたり かわったり しているよ

とい17

ドアを ノックすると
出てきた 動物って
なーんだ？

答えは113ページへ

とい18

関西弁を 話す 犬の
しゅるいって なーんだ？

答えは113ページへ

とい19

フランスの パンは
フランスパン。
では 日本は なにパン？

答えは113ページへ

とい 20
門に ぶら下がっている
おかしって なーんだ？

答えは113ページへ

とい 21
いつも しゅうりが
ひつような 調味料って
なーんだ？

答えは113ページへ

とい 22
いつも しょうげきを
受けている タベモノ族の
オバケーヌって
だれのこと？

答えは113ページへ

とい23 なんの じゅぎょうを 受けているのかな？

答えは113ページへ

ヒント ねいきを 3回 たてているね

とい24 ？に 入る 漢字は なにかな？

答えは113ページへ

小（しょう）　中（ちゅう）

？　大（だい）

ヒント　勉強する 場所に かんけいしているよ

とい25

わくの 中の 絵が
あらわす 乗り物は
なあに?

答えは113ページへ

 ヒント ひとつ目は 「せんす」を あらわしているよ

お父さんが よろこぶ プレゼントは なあに？

答えは113ページへ

か 〇 き

ヒント 真ん中に 「サンタ」さんが いるね

とい 27 左右で まちがいを 5つ さがそう！

答えは114ページへ

 はいけいや キャラの はんのうにも 注目！

とい28 ?に 入る アルファベットは？

答えは114ページへ

ヒント 泣くときは ○〜んと 泣くよね

第2章
ニャンコーヌ級

あざとくて かわいい ニャンコーヌの
ナゾトキは 少し 考えないと
とけない 問題が ずらり！

とい29

??に 入る 言葉は?

答えは114ページへ

 と
か  し

ヒント どちらも 同じ 言葉が 入るよ

この 文字は なんと読む？

答えは114ページへ

オメガネバネガケ

ヒント 文字の 上の イラストは なにかな？

とい31 あるの きょうつうてんは？

答えは114ページへ

ある	なし
前(まえ)	後(うし)ろ
まくら	ふとん
時計(とけい)	電話(でんわ)
たて	よこ

 ヒント あるに なにかを くわえてみよう

とい 32

？に 入る 食べ物は？

答えは114ページへ

 － セ ＝

 － ス ＝ ？

> **ヒント** 王女さまは 英語で プリンセスと 言うよ

とい 33

？に 同じ 文字を 入れて 言葉を 作ろう。

答えは114ページへ

 ？ うきょう ？

> **ヒント** 声に 出して 考えてみよう

とい34 ❓に 入る 漢字は？

答えは115ページへ

$$10 - 1 = 1$$

$$1000 - 1 = イ$$

$$100 - 1 = \boxed{?}$$

ヒント 数字は べつの 書き方も できるね

とい35

わくの 中の 絵が
あらわす 飲み物は
なあに？

答えは115ページへ

ヒント　バスの中に 70が 入っているね

とい 36

わくの 中の 絵が あらわす しゅうだんは なあに？

答えは115ページへ

 ヒント　トラの しっぽを 消しているね

とい37

？に 入る 言葉は なあに？

答えは115ページへ

↓ かける
ト ？？？
↑ しかける

ヒント 「かける」ほうは お皿に かける 物だよ

とい38

？？に 入る 生き物は？

答えは115ページへ

にわとりと子ネコ、
？？とワニ

ヒント 全部 ひらがなで 書いて みよう

とい39

わくの 中の 絵が
あらわす きせつは
なあに?

答えは115ページへ

 三人の 人が
「日」の 上に いるね

とい 40

わくの 中の 絵が あらわす 都道府県は どこ？

答えは116ページへ

ヒント　2文字の 漢字に なるよ

とい 41

この中には なにが入っているかな?

答えは116ページへ

かきくけこ

 ヒント 「かき」だけ 小さくなっているね

とい42

この子が 欲しがって いるのは なあに?

答えは116ページへ

> ちょーだい!
> ちょーだい!
> ちょーだい!
> ちょーだい!

ヒント 「ちょーだい」を らんぼうに 言うと なんと 言うかな?

とい43 左右で まちがいを 5つ さがそう！

答えは116ページへ

ヒント　物の 色や ふえたり 消えたり している 所を チェック！

47

とい 44

人のことを けっして
きらいに ならない
オバケーヌって
だれのこと？

答えは116ページへ

とい 45

5つの あなから
顔を 出している
オバケーヌって
だれのこと？

答えは116ページへ

とい 46

ラーメンを
食べる時に 使う 花って
なんの花？

答えは116ページへ

とい47 ハムスターの 後ろに ついている オバケーヌって だれのこと？

答えは116ページへ

とい48 ききすぎると なみだが 出る 物って なーんだ？

答えは116ページへ

とい49 朝に ほえ出す 花って どんな花？

答えは116ページへ

とい50 この 暗号は なんと 読むでしょう？

答えは117ページへ

(E)&K

「&」を 「と」と 読むのが ポイントだよ

とい51

□に あてはまる
ひらがなは？

答えは117ページへ

まゆげ ＝ へ

口 ＝ へ

はな ＝ も

目 ＝ □

顔 ＝ じ

ヒント そのとおりに 顔を
かいてみると……

とい52 あるの きょうつうてんは?

答えは117ページへ

ある	なし
校歌	音楽
赤茶	こげ茶
映画化	ドラマ化
アメリカ	フランス

ヒント とある 文字を つけると……

とい 53

？に 同じ 文字を 入れて 言葉を 作ろう。

答えは117ページへ

だ ？ せ ？ か ？

ヒント 声に 出して 考えてみよう

とい 54

きょうつうして 入る 言葉は？

答えは117ページへ

2じ ？？ ＝ 7 ？？

ヒント 同じ 意味の 言葉に なるよ

わくの 中の 絵が あらわす くだものは なあに?

答えは118ページへ

 ふつうの 時計と ちがう 部分が あるね

とい56 わくの 中の 絵は なんと 読む?

答えは118ページへ

ヒント 犬が 反対に なっているね

55

とい57 左右で まちがいを 5つ さがそう！

答えは118ページへ

ヒント 物が 消えている 所が 3か所 あるよ

ほかにも まだいる
オバケーヌの なかまたち

イヌ族

シバーヌ
親しみやすい
シバ犬の オバケ。
ケンカしたことの
ない 世わたり
じょうず。

マルチーヌ
毛玉の ような
マルチーズの オバケ。
フワモコの テンパが
かわいい。

ワンコーヌ
ちょうフレンドリーな
プードルの オバケ。
人なつっこさ
ナンバーワン。

シュナウヌ
まゆ毛と ひげが
おじいちゃんっぽい、
おちつきのある
シュナウザーの
オバケ。

ダルメシーヌ
黒ブチもようの
ある ダルメシアンの
オバケ。兄弟が
たくさんいる。

ネコ族

ミケーヌ
いやし系な ミケネコ
の オバケ。みんなの
心を ほっこりさせる
天才。

スコティーヌ
たれ耳が キュートな
スコティッシュフォールド
の オバケ。
ニャンコーヌの
ライバル。

ペルシャーヌ
リッチな ムードの
ペルシャネコの
オバケ。ふわふわで
セレブな 毛なみ。

トラネコーヌ
トラの ような
しまもようを 持つ
気まぐれで ツンデレな
トラネコの オバケ。

チビニャンコーヌ
おチビだけど いつか
大きくなる ことを
ゆめみている。
ニャンコーヌが
あこがれ。

第3章 ペンコーヌ級

マジメと ユーモアの バランスが いい
ペンコーヌの ナゾトキに ちょうせん！
あせって しっぱいしないように。

とい58

「家に 帰ったら これを してね!」なんのこと?

答えは118ページへ

ヒント お父さんや お母さんに 十二しを 教えてもらおう

とい 59

暗号を とくと 出てくる のは だあれ？

答えは118ページへ

ヒント それぞれ カタカナで 書いてみよう

この 食べ物は なあに?

答えは119ページへ

ヒント 日本は 英語で ジャパンと 言うよ

とい61

文字を ならべかえて
国名を 2つ作ろう。

答えは119ページへ

インドア知りたい姉

ヒント 全部 カタカナで 書いてみよう

とい62

？に 入る ひらがなは？

答えは119ページへ

お→き→ ? →あ→あ

ヒント 2日前の ことを
なんと 言うんだっけ？

とい63　？に　入る　動物は？

答えは119ページへ

● [?] → ●つか

↓

●っか

↓

●っか

↓

●いか ← ●つか

ヒント　日にちが　かんけい　あるかも　しれないね

とい 64 なんと 読むでしょう？

答えは119ページへ

ヒント 英語で きれいにすることを なんと 言うかな？

とい65

わくの 中の 物が あらわす しょくぎょうは なあに?

答えは119ページへ

 ヒント 「ち」が 上がっているね

とい 66

文字を ならべかえて
花を 2つ作ろう。

答えは120ページへ

日々、スイカは わります

ヒント 全部 カタカナで 書いてみよう

とい 67

つりに 使う
これは なあに?

答えは120ページへ

のれふー

ヒント ひらがな いがいで 考えてみよう

とい 68

左右で まちがいを 5つ さがそう！

答えは120ページへ

ヒント キャラクターの 近くに 4つ まちがいが あるよ

とい 69

おなかの すいた
パンダの 手に できている
物って なーんだ?

答えは120ページへ

とい 70

しゅっせきすると 体が
つかれてしまう パーティー
とは どんなパーティー?

答えは120ページへ

ぎゅ〜〜っ!!

とい 71

おかずに あげものが
出てくるのは なん曜日?

答えは120ページへ

とい 72

まとめ売りが できない
花って どんな花？

答えは120ページへ

とい 73

じゅうどうや けんどうが
大好きな オバケーヌって
だれのこと？

答えは120ページへ

とい 74

カメは カメでも
みそしるに 入っている
カメって なーんだ？

答えは120ページへ

とい75

この文字が あらわす
物に そっくりな
オバケは だあれ？

答えは121ページへ

さ
いひ

 ヒント　カタカナで 書いてみよう！
108ページに いる オバケだよ

とい76 ？に 入る オバケは だあれ？

答えは121ページへ

 ヒント 言葉を 組み合わせると どうなるかな？

とい 77 この 国は どこ？

答えは121ページへ

ヒント 「上」の 上に 乗って いるね

とい 78 この オバケは だあれ？

答えは121ページへ

ヒント 足りない 部分を 書き足そう

とい 79 この 都道府県は どこ？

答えは121ページへ

かかかかか
まままま

ヒント 「か」と 「ま」の 数を 数えてみよう

とい80

わくの 中の 乗り物は なあに？

<small>答えは121ページへ</small>

 ヒント　キリンが さかさまに なっているね

とい81

?に ピッタリの
数は なあに?

答えは122ページへ

ろの どは

? ℃

? に入る数は？

| 10 | 40 | 100 |

 ヒント　ランプが 消えたり
ついたり しているね

とい82 一番 重いのは どのコイン？

答えは122ページへ

 1つと 2つが 同じ 重さだね

とい 83

わくの 中の 物が あらわす 道具は なあに？

答えは122ページへ

ヒント つるの 上の 矢じるしが ポイントだよ

とい 84 左右で まちがいを 5つ さがそう！

答えは123ページへ

ヒント 消えている 物が 4つ あるよ

ほかにも まだいる
オバケーヌの なかまたち

ミズ族

ウーパーヌ
おとめな
ウーパールーパーの
オバケ。ひそかに
ペンコーヌに
かたおもい中 みたい。

サメーヌ
あいじょう
ひょうげんとして
すぐに かじりついて
くる サメの オバケ。

ラッコーヌ
貝がらを 持った
ラッコの オバケ。
お気に入りの
貝がらを 大事に
持っている。

メンダコーヌ
はずかしがりやで
赤くなっちゃう、
いつも ゆるふわな
メンダコの オバケ。

カメーヌ
ポテンシャルを ひめた
カメのオバケ。
のんびりしているが
じつは 走ると 速い。

イルカーヌ
泳ぎの うまい
イルカの オバケ。
なめらかで きれいな
泳ぎは 見入って
しまうほど。

アナゴーヌたち
むひょうじょうな
アナゴたちの オバケ。
左が ニシキアナゴーヌ、
右が チンアナゴーヌ。

クリオーヌ
とても ピュアな
心を 持つ クリオネの
オバケ。ハートマークが
チャームポイント。

第4章 テンシーヌ&アクマーヌ級

やさしい テンシーヌと
いたずら好きの アクマーヌの ナゾトキを
家族や 友だちと いっしょに といてみよう!

?には どんな
食べ物が 入る?

答えは123ページへ

ヒント　それぞれ　キリンと　ゴリラと　ゴングだね

とい86 なにが できるかな?

答えは123ページへ

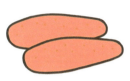 

①③⑤   ②④

ヒント それぞれの 名前を 考えてみよう

わくの 中の これは なんと 読む?

答えは123ページへ

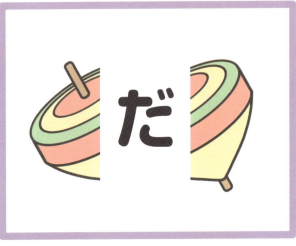

ヒント こまの 間に 「だ」が 入っているね

とい88

これ なあに？

答えは123ページへ

おもて ⇕ ある ⇕

？ ？ ？ ？

ヒント 反対の 言葉を 考えてみよう

とい89

これって なんの 数？

答えは124ページへ

バレーボール ＝ 0
マラソン ＝ 1
サッカー ＝ 2

ヒント 野球だと 0に なるよ

？に 入る
アルファベットは？

答えは124ページへ

 まよったら 手を 見つめてみよう

とい91 あるの きょうつうてんは？

答えは124ページへ

ある	なし
りく	うみ
らくさ	おうとつ
リスク	チャンス
たがいに	どうじに

 ヒント　いろんな 方向から 読んでみよう

とい92 この 食べ物は なあに?

答えは124ページへ

み×2

バーグ÷2

 ヒント 「み」が 2こあって 「バーグ」が 半分に なっているね

とい 93

わくの 中の 絵が あらわす 都道府県は どこ？

答えは124ページへ

あぶない

ヒント：長さが どんな じょうたい なのかな？

とい94 左右で まちがいを 5つ さがそう！

答えは124ページへ

ヒント　アイテムの 色や 数に 注目！

とい 95

いつも 店員さんに
商品を すすめられるのは
マンゴーヌと ノリーヌの
どっちかな？

答えは125ページへ

とい 96

水の 中に 家を
入れると どんな
スポーツに なる？

答えは125ページへ

とい 97

きかいでは ぜったいに
作れない クリって
どんなクリ？

答えは125ページへ

とい98
ユーフォーヌが さんぽ
している 道って
どんな道?

答えは125ページへ

とい99
タケノコの 中を
くりぬくと 出てくる
生き物って なーんだ?

答えは125ページへ

とい100
弓で 矢を うっている
さいちゅうに 見つけた
フルーツって なーんだ?

答えは125ページへ

とい101 わくの 中の 絵は どこの 都道府県を あらわしている？

答えは125ページへ

 ヒント　イカが岩に　カニがワニに　なっているね

とい 102 三角形は いくつある？

答えは126ページへ

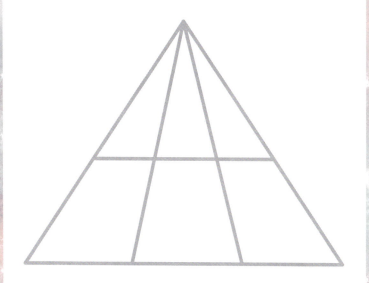

ヒント 紙に かいて 番号を つけると わかりやすいよ

とい 103

?に 入る 漢字は?

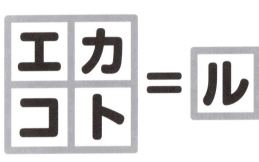

エカ／コト ＝ ル？

ヒント 日本地図で 県が 4つだけある 場所が あるね

わくの 中の 絵を 足すと なん時?

答えは126ページへ

どうぶつの おいしゃさん + ちじ

ヒント 他の 言い方を 考えてみよう

とい 105

？に 入る ひらがなは？

答えは126ページへ

言う ➡ 絵

カ ⬆ 聞く

？ ⬆ メモ

ヒント 五十音に かんけいが あるよ

とい 106

なにが 聞こえて きた?

答えは126ページへ

♯♯

♪ ♪ ♪ ♪

ファ ソ レ レ

ヒント　♯は 音が 半分 高くなるよ。
2つある ということは?

この中で なかまはずれは どれ？

答えは127ページへ

アサガオ

みそ

ぬいぐるみ

オバケーヌ

タヌキ

 ヒント　いろんな　じゅんばんで
声に出して　読んでみよう

とい 108

なんて書いてあるか読んでみよう

答えは127ページへ

 ヒント： それぞれ カタカナに してみると……

とい 109 これって なんの お店？

答えは127ページへ

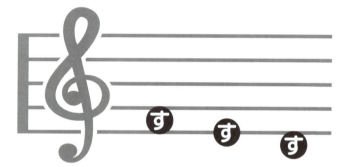

ヒント さいしょの 「す」は 「ファ」を あらわしているよ

とい 110

？に 入るのは だあれ？

答えは127ページへ

イ
ヌ
↓
？

ヒント　みんなの 名前は 5、8、109ページを チェックしよう！

とい 111 左右で まちがいを 5つ さがそう！

答えは127ページへ

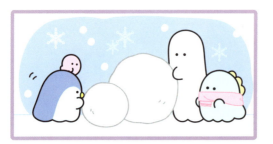

 ヒント　消えている 物が あるよ

ほかにも まだいる オバケーヌの なかまたち

ファンタジー族

メカーヌ
カタコト 動く
メカタイプの オバケ。
コンセントプラグと
ねじまきが
動力げん。

ユーフォーヌ
ユーフォーの ような
ワッカと アンテナの
ついた オバケ。
ウチュウと コウシン
できる。

ガオーヌ
いっけん こわそう
だけど、実は
かわいい物が 好きな
きょうりゅうの オバケ。

フラワーヌ
めから せい長し、
花を さかせた
オバケ。フラダンスの
ような 動きを
よくする。

ヨツバーヌ
頭に ヨツバの
クローバーが 生えて
いる、めったに
出会えない レアな子。

オウチーヌ
サイズも 心も 大きい オウチの オバケ。
住人を のせたまま ゆっくり 移動もできる。

スターヌ
キラキラ またたく
星の オバケ。
うごく すがたは
まるで 流れ星。

ピエローヌ
こわくない ピエロの
オバケ。赤い お鼻と、
ぴょこぴょこ 動く
耳が とくちょう。

クモーヌ
もっくもくの 体をした
雲の オバケ。
悲しい 時は 雨を
ふらせるよ。

フェアリーヌ
キラキラ 光る 羽を
持ち、お花を いつも
身に つけている。
ちょっと いたずら好き。

タベモノ族

スシーヌ
わさびの 心を
持った スシのオバケ。
頭の 上のネタは
自由ざい。

ショクパーヌ
せいぎかんが 強く
こまっている子を
見つけたら 放って
おけない 食パンの
オバケ。

タコヤキーヌ
関西生まれな
ソース味の タコヤキの
オバケ。ノリツッコミも
ばっちり。

オムーヌ
たまごの マントを
かぶった オムライスの
オバケ。グリーンピースを
落としてしまうことも。

エビフリャーヌ
サクサクな ころもで
しぜんに メシテロを
しかけてくる、
エビフライの オバケ。

チェリーヌ
いつも くっついている
さくらんぼの オバケ。
ケンカ中は はなれて
行動する ことも。

アイスーヌ
アイスが 好きすぎて
食べつづけていたら、
頭から アイスが
生えてしまった オバケ。

マカロンヌ
せまい 所が
好きで マカロンに
はさまったら ぬけなく
なった オバケ。

オニギリーヌ
オニギリの オバケで、
具は 毎日
お着がえする。
なかよくなると 具を
見せて くれるかも。

モンブラーヌ
マロンが のった
ちょっと 大人っぽい
ふんいきをした
モンブランの オバケ。

フランスパーヌ
パリ生まれの
おしゃれさん。スラッと
モデル体けいで、
幸せの かおりがする。

ゼリーヌ
ツヤツヤ肌の ゼリーの
オバケ。味は
自由ざい。その日の
気分で 色や 味が
かえられる。

109

答えの ページ

とい1 A→3・B→4・C→5

(み) (し)
3 たら 4

(ご)
だん 5

とい2 しか

しか → 陸
あしか → 海
かもしか → 陸

とい3 ④
辺の 数じゅんに なっているから

4辺 → 5辺 → 6辺 → 7辺 → 8辺

とい4 13

🦄 × 🦄 = 36
6　6

🦄 × 👻 × 👻 = 54
6　3　3

🦄 × 👻 × 🐧 = 72
6　3　4

🦄 + 👻 + 🐧 = 13
6　3　4

とい5 頭に 青が つく

ある	なし
青空	陸
青魚	鳥
青のり	ボンド
青りんご	メロン

とい6 石川県
岩「いわ」の 間に 「しか」が 入るから

い　　しか　　わ

とい7 ブロッコリー
ぶ・6こ・リー

「ぶ」が6こ　　リー

とい8 オルゴール
折る・ゴール

ゴールが折れているよ

とい9 エプロン
¥「エン」の 間に 「プロ」が 入るから

エ　プ　ロ　ン

とい10 おさがり
「お」が 下がっているから

あいうえお
↓

とい11 エステ
「絵（エ）」が 「すて（ステ）」られているから

とい12 スパイダー（くも）
英語で くもを スパイダーと 言うから

とい13 ダ
トランプの マークの 頭文字を しめして いるから

ペード　ート　ラブ　イヤ

とい14 ねつききゅう
キツネを さかさから 読むと 「ねつき」＋9「きゅう」

ねつき　　　きゅう

とい15 ありがとう
ありが 10（とお）ぴき いるから

とい16

とい17 キツネ
キツネの 鳴き声は
「コンコン」 だから

とい18 チャウチャウ
関西弁で ちがうことを
「チャウチャウ」と 言うから

とい19 ジャパン
英語で 日本は
ジャ「パン」 だから

とい20 モンブラン
門「モン」に ぶら下がる
ぎおん「ブラン」を つけるから

とい21 コショウ
故障「コショウ」 だから

とい22 ショクパーヌ
「ショック」パーヌ
だから

ショクパーヌ

とい23 算数
3「さん」+「スー」 だから

① スー
② スー
③ スー

とい24 高

小学校　中学校
高校　大学

とい25 せんすいかん

せんす（ス）イカ（カ）ン

とい26 かたたたき
サンタ → 3「た」 → たたた

か　たたた　き

とい 27

とい 28 Y

暗 → あーん

園 → えーん

Y → わーい

とい 29 いぬ

いぬ と
か いぬ し

とい 30 オバケ

「ムシ」メガネなので
「メ」「ガ」「ネ」を ムシ
するから

 ムシメガネ
「ムシ」メガネ

オ~~メ~~~~ガ~~~~ネ~~バ~~ケ~~

とい 31 前に うでが つく

ある	なし
うで前	後ろ
うでまくら	ふとん
うで時計	電話
うでたて	よこ

とい 32 プリン

 − セ =
プリンセス　　プリンス

 − ス = プリン
プリンス

とい 33 と

と うきょう と

とい34 白
数字を 漢数字に してみよう

10 − 1 = 1
十 − − = 1

1000 − 1 = イ
千 − − = イ

100 − 1 = 白
百 − − =

とい35 バナナジュース
バスの 中に
70「ナナジュウ」が
入っているから

バナナジュウ(70)ス

とい36 オーケストラ

尾(オ)を消す(ケス)トラ

とい37 ラップ
ラップは かける、
トラップは しかける
となるから

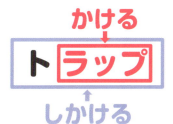

とい38 とり
反対から 読んでも 同じ
文に なるから

にわとりと子ネコ、
とりとワニ

とい39 春
日の 上に 三人を
組み合わせると 春に なる

=三人

とい40 岩手県
山の 下に 石で 「岩」となり、
手と 組み合わせると 岩手

山

石

手

とい41 しょうかき
「かき」だけ 小さいので、
小「かき」→「しょうかき」と
なるから

文字のサイズ
小
↓
大

とい42 クレヨン
「ちょーだい」は 「くれ」
となり、「くれ」が 4つで
「くれよん」と なるから

ちょーだい！←「くれ」①
ちょーだい！←「くれ」②
ちょーだい！←「くれ」③
ちょーだい！←「くれ」④

とい43

とい44 ニクマンヌ
にく「憎」まめ
→ ニクマンヌと
なるから

ニクマンヌ

とい45 アナゴーヌ
あな「穴」ご「5」
→ アナゴーヌ
と なるから

アナゴーヌ

とい46 レンゲ
ラーメンを 食べる時に
蓮華「レンゲ」を 使うから

とい47 スターヌ
ハム「スター」
→ スターヌと
なるから

スターヌ

とい48 ワサビ
ワサビは ききすぎると
なみだが 出るから

とい49 アサガオ
朝「アサ」＋ ほえるぎおん
「ガオー」で アサガオと
なるから

とい50 かっこいい時計

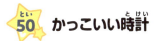

かっこいい（）「E」と「K」けい

とい51 の

「へのへのもへじ」の 目は 「の」だから

まゆげ＝へ　　目＝の
口＝へ　　顔＝じ
はな＝も

とい52 後ろに 「ん」を つけると べつの 言葉になる

ある	なし
校歌ん（こうかん）	音楽
赤茶ん（赤ちゃん）	こげ茶
映画化ん（映画館）	ドラマ化
アメリカん（アメリカン）	フランス

とい53 い

だいせいかい

とい54 いろ

にじいろ「虹色」＝
なないろ「七色」となるから

2じいろ ＝ 7 いろ

とい55 いちじく
1時が 「く」に なって いるから

とい56 ぬいぐるみ
さかさまの 犬は 「ぬい」
+ くるみに だくてんで
「ぐるみ」

ぬい　　ぐるみ

とい57

とい58 うがい
十二しの 卯「う」が
亥「い」に なっているから

子　　　丑　　　寅

卯→亥　　辰
「う」が「い」

とい59 ウサギーヌ

ウサギーヌ

キュウリ
ハクサイ
ネギ
ピーマン
ウサギーヌ

とい60 ジャムパン
日本は 英語で「ジャパン」
その真ん中に「ム」が
入っているから

ジャ**ム**パン

とい61 インドネシア・イタリア

インドア知りたい姉
インドアシリタイアネ

↓

インドネシア
イタリア

とい62 き
日にちの よび方の 頭文字に
なっているよ

お → **き** → **き**
とtogether のう　きょう

→ **あ** → **あ**
した　さって

とい64 スクリーン
「す」+ 英語で きれいに
するは CLEAN「クリーン」
だから

す

とい63 いたち

1日　　　　2日
● ? → **ふつか**
ついたち

↓

3日
みっか

↓

4日
よっか

↓

6日　　　5日
むいか ← **いつか**

とい65 チアガール
「ち」上がる → チアガール
となるから

119

とい66 ハイビスカス・ヒマワリ

日々、スイカは
ヒビ、スイカハ
わります
ワリマス

→ **ハイビスカス　ヒマワリ**

 とい67 ルアー

すべて　カタカナで　書いて
組み合わせると　「ルアー」
となる

のれふー
ノ　レ　フ　ノ　ー

→ **ルアー**

 とい68

 とい69 ささくれ

おなかが　へっているので
笹「ささ」くれ → ささくれ
となるから

 とい70 ひろうえん

疲労「ひろう」するから

とい71 金曜日

金曜日は　英語で　FRIDAY
「フライデー」だから

 とい72 バラ

「バラ」売り　だから

とい73 ブドーヌ

じゅうどうや
けんどうは
武道「ぶどう」
だから

ブドーヌ

 とい74 わかめ

みそしるには　わ「カメ」が
入っているから

とい75 フラワーヌ

さ(サ)いひ(ヒ)
=花

フラワーヌ

とい76 プリーヌ

ん

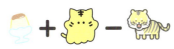
プリ✗ + トラーヌ − トラ

=プリーヌ

プリーヌ

とい77 ノルウェー
乗る・上 → ノルウェー
となるから

とい79 鹿児島県
「か」が 5「ご」、「ま」が
4「し」 あり、組み合わせると
かごしまと なるから

とい78 リンゴーヌ
書き足したところを
カタカナとして 読もう

リンゴーヌ

リンゴーヌ

とい80 人力車

じ  車

じ　ンリキ　しゃ

40

OFF(オフ)　　ON(オン)

ろの どは 40 ℃

とい82

 D

AAと Cで てんびんが つりあい、ABと Cでは ABに かたむくので、AよりBのほうが重い。つまり、BBと同じ重さのDが一番重いコインだとわかる。

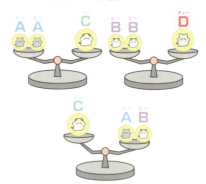

とい83

ちりとり
五十音で「つ」の 上は「ち」、「る」の 上は「り」で「ちりとり」と なるから

とい84

とい85 リンゴ

とい86 たからばこ

① ③ ⑤ ② ④
たらこ　かば

とい87 こだま
「こま」の 間に 「だ」が 入っているから

こ　ま

とい88 うらない

おもて　ある
⇕　　　⇕
うらない

とい89 ゴールの数
バレーボールには ゴールが
なく マラソンには 1つ
サッカーには 2つ あるから

とい90 K
それぞれの 指の ローマ字の
頭文字に なっているよ

- ひとさしゆび N
- なかゆび N
- くすりゆび K
- おやゆび O
- こゆび K
- てのひら T
- H

とい91 反対から 読んでも言葉になる

ある	なし
りく（くり）	うみ
らくさ（さくら）	おうとつ
リスク（クスリ）	チャンス
たがいに（にいがた）	どうじに

とい92 にこみハンバーグ
2この 「み」と 半分の
「バーグ」だから

とい93 長崎県
長さ「ながさ」が 危ない ＝
危険「きけん」だから

とい94

とい95 ノリーヌ
ノリは
海藻「買いそう」
だから

ノリーヌ

とい96 水泳
水「すい」の 中に
家「いえ」を 入れると
水泳「すいえい」と なるから

とい97 てづくり
きかいでは てづ「クリ」に
ならないから

とい98 ゆうほどう
ユーフォー道で
遊歩道「ゆうほどう」
と なるから

とい99 タコ
タケノコの 中2文字を
けすと タコに なるから

とい100 チェリー
弓を いる きょうぎに
アーチェリーがあり、
アーチェリー→「あ、チェリー」
となるから

とい101 香川県
「カ」が 「ワ」に なっているので 香川県「かがわけん」

イカ → イワ

カニ → ワニ

タカシ → タワシ

とい102 12

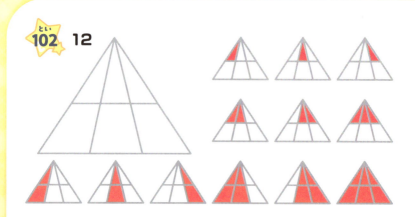

とい103 玉

「ル」と「?」の 四角を くにがまえに 見たてているよ

とい104 11時

獣医「じゅうい」　知事「ちじ」

どうぶつの　　　ちじ
おいしゃさん

とい105 む

五十音表で、「いう」の 下は 「え」、「きく」の 上は 「か」、「めも」の 上は 「む」と なるから

とい106 空耳

♯ 2つで 1音 上がるから

とい 107 タヌキ

アサガオ → オバケーヌ → ぬいぐるみ → みそ と タヌキ いがいは しりとりで つながるから

とい 108 メール

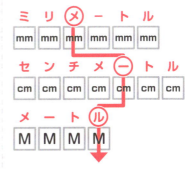

とい 109 ファミレス

「ファ」と「ミ」と「レ」に「す」が 入っているから

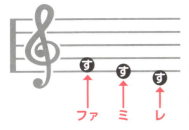

とい 110 コアラーヌ

とい 111

どろ〜んとちょうせん！
オバケーヌのナゾトキ

2025年3月5日　初版発行

本文イラスト	もか汰
問題制作	児島勇気
監修	株式会社クラックス

発行者	山下直久
発行	株式会社KADOKAWA
住所	〒102-8177　東京都千代田区富士見2-13-3
電話	0570-002-301（ナビダイヤル）

編集協力	株式会社エストール
デザイン・DTP	株式会社エストール
印刷・製本	大日本印刷株式会社

©CRUX
ISBN 978-4-04-915993-6　C8076
Printed in Japan

本書の無断複製（コピー、スキャン、デジタル化等）並びに無断複製物の譲渡および配信は、著作権法上での例外を除き禁じられています。
また、本書を代行業者などの第三者に依頼して複製する行為は、たとえ個人や家庭内での利用であっても一切認められておりません。
定価はカバーに表示してあります。

●**お問い合わせ**
https://www.kadokawa.co.jp/　（「お問い合わせ」へお進みください）
※内容によっては、お答えできない場合があります。
※サポートは日本国内のみとさせていただきます。
※Japanese text only